Antje Vogel

# Das Große Buch für kleine Gärtner

F. Coppenrath Verlag Münster

Dieses Buch ist auf dem Mist gewachsen von

Claus Steinrötter
Siggi Spiegelburg
Wolfgang Hölker



gedruckt vom Druckhaus Cramer,
Greven
gebunden von Klemme & Bleimund,
Bielefeld, in Stoffen von
Westfalenstoffe - Mackenbrock



D-4400 Münster Martinistraße 2



Printed in Germany
VVA 23700033
ISBN 3-920192-33-8

# Inhaltsverzeichnis

# Avocado

Aus einem Avocado-Kern kannst Du eine sehr schöne Pflanze ziehen. Aber zuerst machst Du aus dem Fruchtfleisch eine leckere Vorspeise:

1 Avocado
100 g Krabben
1 Joghurt
1 Teel. Zitronenmelisse
1 Teel. Petersilie
etwas Salz
" Pfeffer
" Curry

Das Fruchtfleisch in kleinen Stücken aus der Schale lösen, mit den anderen Zutaten vermischen und wieder in die Schalen füllen.
Schmeckt gut!

In den Avocado-Kern

vier halbe Zahnstocher oder Streichhölzer →

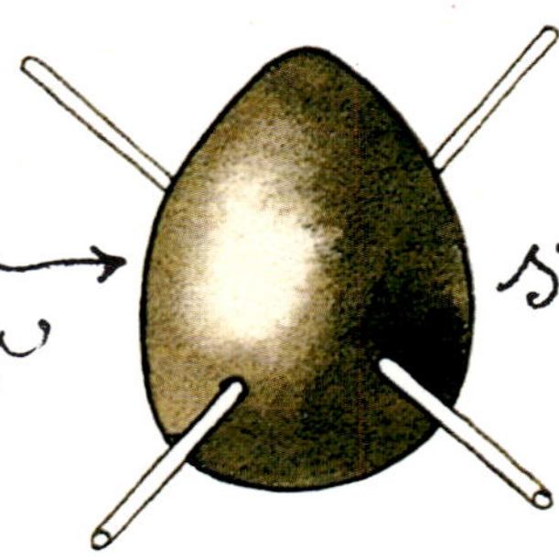

stecken.

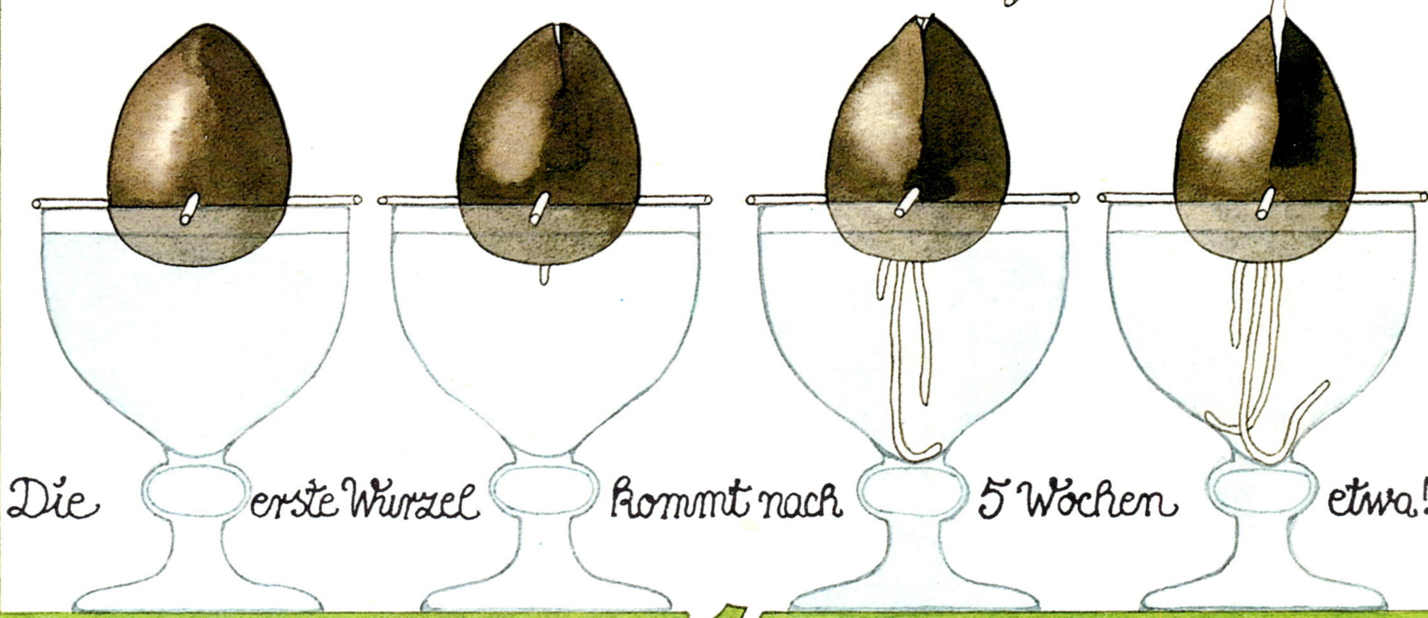

Die erste Wurzel kommt nach 5 Wochen etwa!

Die lange Wartezeit lohnt sich!
Aus dem Avocado-Kern, der normalerweise im Mülleimer landet, wächst eine schöne große Pflanze.

# Kresse

Auf einen Suppenteller ein feuchtes Zellstoff-Tuch legen. Darauf den Kressesamen verteilen.

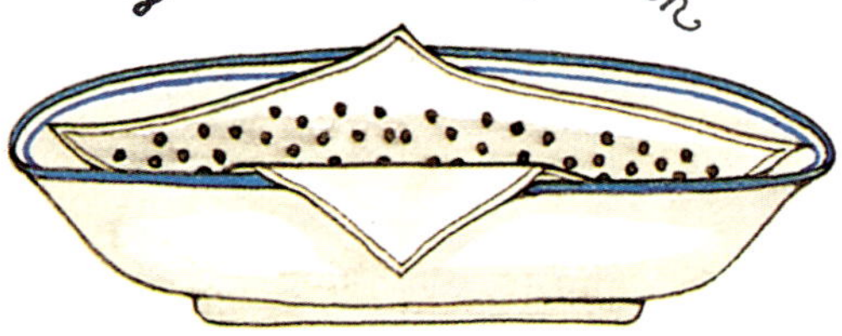

Nun einen zweiten Teller darüberlegen.

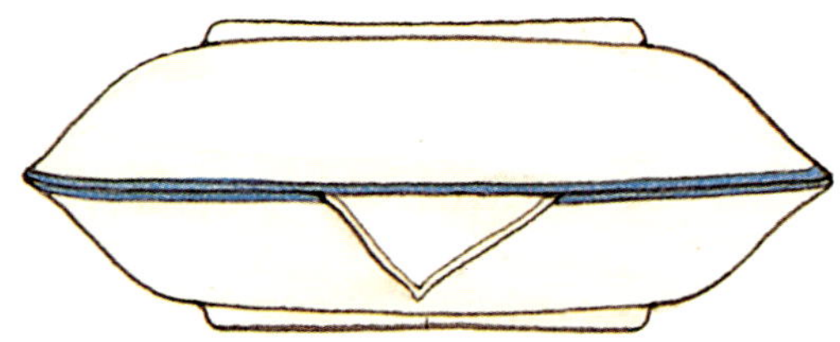

Das Papiertuch immer gut anfeuchten.

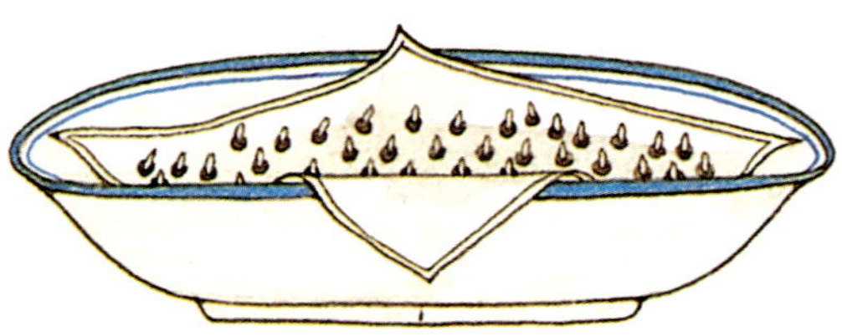

Wenn die Kresse 1,5 cm groß ist, den zweiten Teller abnehmen.

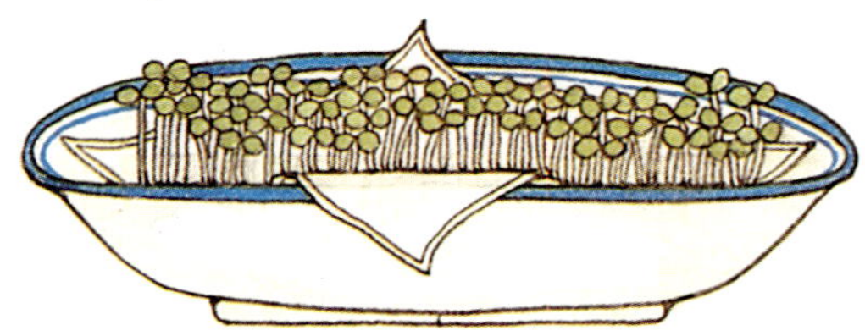

## Kartoffelsalat mit Kresse

Nach 6-7 Tagen ist die Kresse 7,5 cm hoch und Du kannst sie mit einer Schere abschneiden. Mache aus 10 kleingeschnittenen Pellkartoffeln, einem harten Ei, einer Zwiebel, 1 Eßl. Essig, etwas Salz, etwas Pfeffer, 100g Fleischwurst und der Kresse einen bunten Kartoffelsalat. Wenn Du magst, brate etwas gewürfelten Speck und gib ihn darüber.

Kresse schmeckt auch in jedem anderen Salat
oder auf dem Butterbrot.

# Vogelfutter

Habt Ihr
vielleicht einen Vogel, der Körner frißt?
Dann laßt doch diese Körner einmal keimen.
Ihr macht das genauso, wie es bei der Kresse
beschrieben ist.
Wenn die Pflanzen schön gewachsen sind,
bekommt Euer Vogel sie, er wird das
frische Grün mit Begeisterung
fressen.

# Stiefmütterchen

Stiefmütterchen brauchen ziemlich lange zum Wachsen, doch es lohnt sich, auf sie zu warten. Im Juni oder Juli könnt Ihr draußen säen, das ganze Jahr im Topf oder Kasten an einem hellen Fensterplatz.

# Vergißmeinnicht

Vergißmeinnicht könnt Ihr auch säen. Wenn die Pflänzchen 2,5 cm groß sind, müssen sie einzeln gepflanzt werden, etwa im Abstand von 15 cm. Dann wachsen Eure Blumen dicht und blühen fleißig.

# Glücksklee

Selbstgezogene vierblättrige Kleeblätter
sind ein schönes Geschenk.
Pflanzt 2 - 3 Knollen 3 cm tief
in einen Blumentopf mit Erde.
Wenig gießen.
Die abgeblühte Pflanze im Herbst
trocken in den Keller stellen.

Blumentöpfe kann man mit Plakatfarben schön bemalen.

# Tomaten

Pflanze mehrere Samen im Frühling in einen Topf mit Blumenerde.

Wenn die Pflanzen 5 cm groß sind, bekommt jede einen eigenen Topf.

Tomaten müssen regelmäßig gegossen und auch gedüngt werden. Am besten stehen sie an einem sonnigen windgeschützten Platz. Du wirst Dich wundern, wie köstlich selbstgezogene Tomaten schmecken. Probier auch einmal gegrillte Tomaten. Dazu halbe Tomaten mit Knoblauch, Salz und Pfeffer würzen und im Backofen oder auf dem Holzkohlengrill 10 Min. grillen.

# Radieschen

Im April die Samen 1 cm tief in die Erde pflanzen. Wenn die Körner einen Abstand von 5 cm haben, braucht Ihr später die kleinen Pflanzen nicht zu vereinzeln.

Nach 10 - 12 Tagen

Nach etwa 4 Wochen

# Sonnenblume

Mehrere Samen im April in die Erde pflanzen.

Sonnenblumen wachsen schnell. Die Riesensonnenblume wird bis zu 3 m hoch! Sie blüht von Juli bis September.

Hebt ein paar Samen von Eurer Blume für das nächste Jahr auf. Über den Rest freuen sich im Winter die Vögel!

# Sonnenblume

# Luffa-Badeschwamm

Die Aufzucht des Kürbisgewächses Luffa macht Spaß und ist auch sehr nützlich, denn schon nach 6-7 Monaten kannst Du mehrere kleine Luffa-Badeschwämme ernten. Setze den Kern im April in einen Topf mit Erde und stelle ihn auf eine sonnige Fensterbank.

Nach ein paar Wochen hast Du eine kleine gurkenähnliche Pflanze, die Du in den Garten setzt und an einem Stab hochranken läßt.

Im Herbst hat Deine Pflanze mehrere Luffa-Früchte. Nimm sie ab und lege sie an einen warmen Platz, damit sie austrocknen können.

Sind sie trocken, kannst Du die Haut abziehen. Fertig ist Dein Badeschwamm.

# Zierkürbis

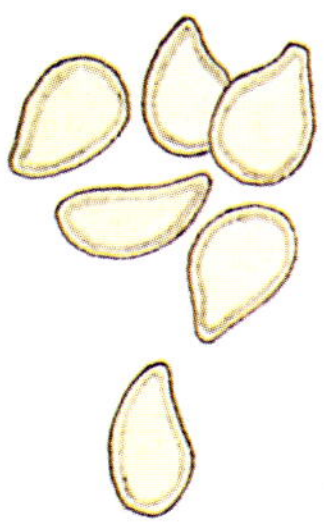

Pflanze die Kerne im Mai in ein sonniges Beet, gieße regelmäßig und stecke Stäbe in die Erde, damit die Pflanze hochranken kann. Schon im Juli oder August kannst Du die ersten kleinen Kürbisse ernten. Man kann sie nicht essen, aber sie sind ein schöner Schmuck für die Wohnung.

Die Kerne übrigens kannst Du bemalen und als Spielmarken verwenden.

# Kamille

Die anspruchslose Pflanze wird im März in 30 cm Reihenabstand im Garten gesät. Nach dem Keimen des Samens wird ausgedünnt. Die Kamillenpflanze wird geerntet, wenn sie blüht. Binde kleine Sträuße zusammen und hänge sie zum Trocknen auf. Die trockene Pflanze läßt sich leicht zwischen den Händen zerreiben. Fülle die Teilchen in ein Schraubglas – fertig ist Dein Kamillentee! Für eine kleine Menge Tee kannst Du auch eine Reihe Samen in einen Blumenkasten säen. Für den Tee nimmst Du 1 Teelöffel Tee, gießt 1 Liter kochendes Wasser darauf und läßt ihn 5–10 Minuten ziehen.

# Jungfer im Grünen

Niemand wartet gern lang auf das Blühen der Pflanzen, die er gesät hat. Es gibt aber Blumen, die in kurzer Zeit Blüten tragen. Am besten geeignet sind einjährige Blumen, die nach der Aussaat im April den ganzen Sommer hindurch prachtvoll blühen. Alle Blumen eignen sich auch zum Abschneiden. So habt Ihr schöne Sträuße für Euch und zum Verschenken. Außer der Jungfer im Grünen, deren Samenkapseln Ihr vergolden könnt als Christbaumschmuck, sind gut geeignet:
Schleifenblume, Kornblume, Skabiose, Flockenblume – sie duftet nach Vanille, Kapuzinerkresse, Bechermalve – sie braucht Sonne, die Balsamine wird 1,5 m hoch.

# Petersilie

Die kleinen Pflanzen sehen noch nicht wie Petersilie aus

Petersilie kann man gut im Blumentopf ziehen, um auch im Winter frisches Kraut zu haben. Lege die Samen 1 Tag in lauwarmes Wasser, damit sie schneller aufgehen. Gib sie in einen Topf oder Kasten und bedecke die Samenkörner mit wenig Erde.

# Schnittlauch

Das Eigelb eines hartgekochten Eies mit etwas Senf und viel Schnittlauch vermischen.

Auch Schnittlauch kann man sehr gut in einem Topf mit Blumenerde ziehen. Am besten stellst Du die Töpfe auf ein sonniges Fensterbrett oder im Sommer auf den Balkon.

# Küchenkräuter

Kräuter könnt Ihr gut das ganze Jahr über im Blumentopf ziehen. Nehmt ein paar Samen, legt sie in einen Topf mit Erde und bedeckt sie mit wenig Erde – die Ihr immer gut feucht halten müßt. Nach wenigen Wochen könnt Ihr schon ernten und auch neu säen!

# Möhren

Die Samen im April in den Garten säen.
1 cm tief. 5 cm Abstand. 20 cm Reihenabstand.
Die Erde gut anklopfen.
Viel Sonne!

Regelmäßig gießen und...
lange warten.
Aber sicherlich schmeckt keine Möhre so gut
wie Eure selbstgezogene.

## Möhrengemüse

Die Möhren waschen und bürsten.
Die Blätter entfernen. Die Möhren
in Stücke schneiden und in
wenig Wasser 15 Min. kochen. Mit
einer Prise Salz, ½ Teel. Zucker
und etwas kleingehackter
Petersilie würzen.

# Möhren-Zimmergarten

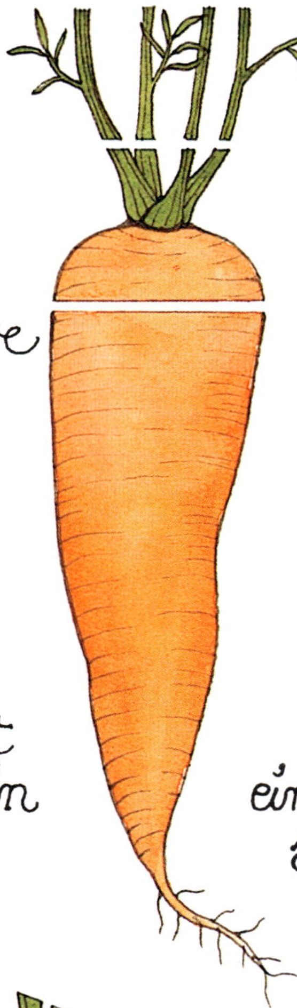

Schneide eine Möhre wie diese ab.

Lege die Stücke mit den Blattresten in eine mit Wasser und Kieselsteinen gefüllte Schüssel.

Auf einem sonnigen Fensterbrett werden die Möhren bald zu keimen beginnen. Nach 2–3 Wochen habt Ihr einen kleinen Garten.

Ihr könnt auch Rüben oder Rettiche nehmen.

Regelmäßig gießen.

# Geburtstags-Baum

Obwohl Bäume im allgemeinen sehr langsam wachsen, kann man doch viel Freude mit dem Anpflanzen eines Geburtstags-Baumes haben. Gut geeignet sind Kirschbaum, Pflaumenbaum, Apfelbaum oder Birke, weil diese verhältnismäßig schnell wachsen. Gepflanzt werden Bäume am besten im Herbst. Suche einen Baum aus, der etwa Deine Größe hat. Befestige ein Schild mit Datum neben dem Baum, stelle Dich daneben, und laß Dich fotografieren. Jahr für Jahr an Deinem Geburtstag läßt Du nun ein Foto von Dir neben Deinem Baum machen. Es wird lustig sein die Fotos zu vergleichen und festzustellen, wer von Euch beiden schneller gewachsen ist, Du oder Dein Baum!

Juli 76
Juli 77
100
90
80
70
60
50
40
30
20
10

# Pfirsichbaum

Pflanze einen Pfirsichkern 5 cm tief in die Erde.

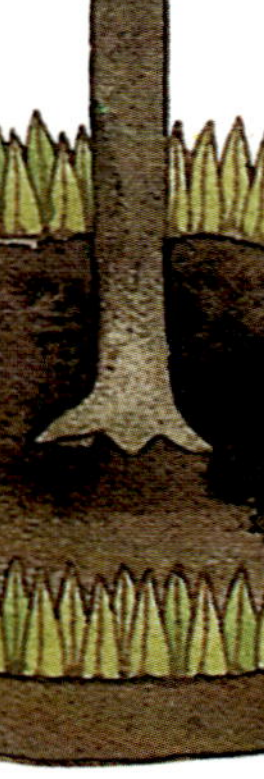

Bald wird ein kleiner Baum wachsen. Früchte trägt er aber nur, wenn Ihr eine bestimmte Sorte nehmt, z.B. den «Kernechten vom Vorgebirge» – allerdings erst nach 10 Jahren.

# Eiche & Kastanie

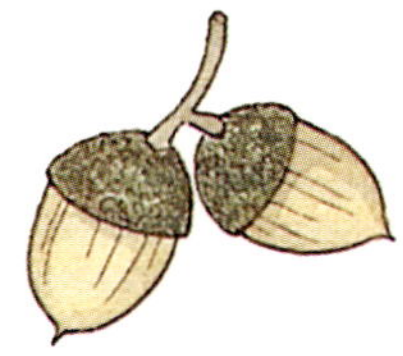

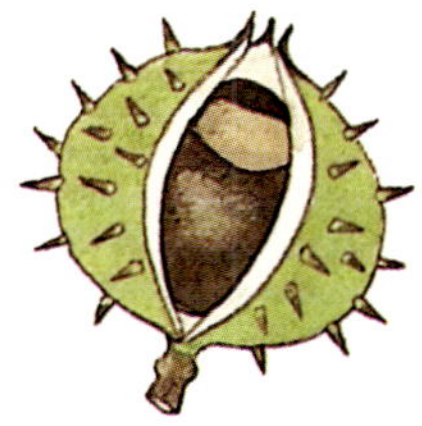

Eine Roßkastanie kann aus einer 5 cm tief in die Erde gesetzten Kastanie gezogen werden. Damit der Baum nicht so groß wird, pflanzt man die Kastanie in einen großen Blumentopf, den man auch im Garten in die Erde eingraben kann. Auf die gleiche Art zieht man eine Eiche aus einer Eichel.

Eine Eiche wird bis 35 m hoch, also 200 mal so groß wie diese. Die Kastanie wird bis 30 m hoch, 200 mal so groß wie diese hier.

# Zitrusfrüchte

Aus Apfelsinen-, Zitronen-, Mandarinen- oder Pampelmusenkernen kannst Du kleine Bäume ziehen.
Fang am besten im Frühjahr an, die Kerne brauchen mehrere Wochen, um zu keimen.

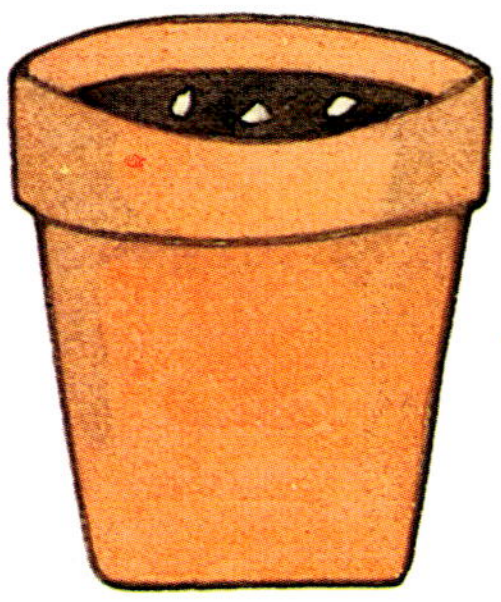

Drücke ein paar Kerne in die feuchte Erde.

Stelle den Topf an einen dunklen Platz.
Die Erde immer gut anfeuchten.

Wenn die Keime aus der Erde wachsen stelle den Topf an ein sonniges Fenster.

Dein Bäumchen
trägt vielleicht nach einigen Jahren sogar kleine Früchte, aber für Marmelade kaufst Du besser die Früchte! Hier ist ein Rezept:

1 kg Apfelsinen
1 kg Gelierzucker
1/8 l Wasser

Apfelsinen schälen und das Fruchtfleisch gut zerkleinern. Alles mit Gelierzucker und Wasser verrühren und 4 Minuten sprudelnd kochen.

Heiß in Gläser füllen und gleich verschließen.

Orange
Zitrone

# Dattelpalme

Mehrere Dattelkerne in die Erde pflanzen, da nicht alle aufgehen.

Stelle den Topf in eine durchsichtige Plastiktüte auf die Heizung. Einmal in der Woche die Erde gießen.

Laß die Datteln in der Tüte, bis die Pflanzen 3 Blätter haben. Dann vereinzeln.

Steht der Topf warm und geschützt, wächst bald eine richtige Palme.

# Ananas

Im Gewächshaus setzt die Ananas sogar Früchte an.

Schneide die Spitze einer Ananas mit den Blättern und einem kleinen Stück Schale ab, laß sie zwei Tage trocknen. Dann pflanze die Spitze in Sand und stelle den Topf an einen warmen Platz. Nicht jede Ananas geht an. Hast Du aber Glück, dann pflanze die Spitze in Blumenerde und stelle den Topf warm und sonnig, gieße aber nur wenig.

2 Tage trocknen lassen.

Im feuchten Sand pflanzen.

Nach dem Anwurzeln in Erde pflanzen.

# Eigene Versuche

# Zum Ausschneiden

# Eigene Versuche